AF401200

MARIE PELLERIN

FONDATRICE DE L'ŒUVRE

DE LA

TRÈS SAINTE-TRINITÉ

POUR LE SOULAGEMENT

DES AMES DU PURGATOIRE

MARIE PELLERIN

FONDATRICE DE L'ŒUVRE

DE LA

TRÈS SAINTE-TRINITÉ

POUR LE SOULAGEMENT

DES AMES DU PURGATOIRE

PUBLIÉ AVEC L'AUTORISATION

DE SON ÉMINENCE

LE CARDINAL-ARCHEVÊQUE DE PARIS

PARIS

IMPRIMERIE PILLET ET DUMOULIN

5, RUE DES GRANDS-AUGUSTINS, 5

1885

Tous droits réservés.

CONGRÉGATION

DE LA MISSION
dite des Lazaristes

fondée

PAR S. VINCENT DE PAUL
—

MAISON-MÈRE
rue de Sèvres, 95

Paris, le 27 février 1885

Monsieur

et très cher Confrère,

La Grâce de N. S. soit avec vous pour jamais !

J'approuve de grand cœur la réimpression de la Vie de MARIE PELLERIN, fondatrice de l'œuvre de la très Sainte-Trinité, pour le soulagement des âmes du Purgatoire. Les bénédictions exceptionnelles qui accompagnent cette œuvre, malgré les difficultés des temps présents, le bien très considérable qu'elle opère en France et à l'étranger, prouvent qu'elle est de Dieu et que le faible instrument dont il s'est servi pour l'établir était cher à son cœur. Je fais des vœux pour que cette humble fille soit mieux connue et que la Sainte-Trinité soit glorifiée en elle.

Je suis affectueusement en l'amour de N. S. et de son Immaculée Mère,

Monsieur et très cher confrère,

Votre tout dévoué serviteur,

A. FIAT
i. p. d. l. M., Sup. gén

MARIE PELLERIN

FONDATRICE DE L'ŒUVRE

DE LA

TRÈS SAINTE-TRINITÉ

POUR LE SOULAGEMENT

DES AMES DU PURGATOIRE

Le 5 avril 1802, naissait de parents pauvres, en Bretagne, dans la paroisse de Concoret, au diocèse de Vannes, une petite fille qui reçut au baptême le nom de Marie. L'église où elle recueillit le don de la grâce est très pauvre. Pourtant on y voit des restes de vitraux, et de nombreux écussons sculptés. Non loin de là sont les ruines du château de Comper que M. Charette vient de restaurer; puis, près du château de Ros, d'autres ruines, celles d'un monastère.

Marie passa ses premières années au

milieu de ces souvenirs de religion, de gloire et d'honneur, rappelés sans doute à sa jeune intelligence et à son cœur d'enfant par ses bons parents. Puisa-t-elle dans ces souvenirs la noblesse de sentiments et le caractère de distinction qu'on remarque dans ses lettres ? Nous l'ignorons. Elles sont toutes hérissées de fautes d'orthographe: et, néanmoins, sous cette écorce grossière, perce une âme naïve et généreuse, tout à fait à l'aise pour rendre, en formes très convenables, l'expression de ses pensées.

La pauvre Marie perdit sa mère à l'âge de six ans. Dès ses plus tendres années, elle montra une grande piété. Malgré la vivacité de son caractère, elle témoignait en toutes circonstances une excessive bonté de cœur. Elle s'emportait promptement, mais se calmait de même. Aimée de ses petites compagnes, toutes les personnes qui l'entouraient la chérissaient aussi.

Quand vint l'âge de sa première communion, elle s'y prépara avec le soin le plus attentif. Son intelligence pour saisir les choses de Dieu était remarquable, sa mémoire ne l'était pas moins pour les retenir et son cœur pour les goûter. M. le curé de Concoret, toujours content de sa tenue et de son instruction religieuse, ne cessait de la donner pour modèle aux enfants de son âge.

Ses parents étaient pauvres, ils ne purent la garder chez eux. Placée jeune encore, elle eut beaucoup à souffrir du caractère exigeant de ses maîtres. Malgré sa bonne volonté, il lui était impossible de les satisfaire entièrement. Pourtant, sa patience la retint chez eux un temps assez long.

Cette vertu l'accompagna toujours dans les diverses maisons où elle servit ensuite, soit à Saint-Méen, soit à Rennes, où elle avait été attirée par quelques membres de sa famille. Partout Marie Pellerin se montra ouvertement et invariablement fidèle à tous ses devoirs, préludant ainsi à la vie plus édifiante encore qu'elle devait mener à Paris.

Nous n'avons pas d'autres détails sur

son enfance et sur sa jeunesse. On assure
pourtant que la charité dominait son cœur
et lui inspirait sans cesse le besoin de donner. Mais elle n'osait le faire en présence
de ses parents, qui gagnaient à peine, en
travaillant, le pain nécessaire à la famille.
Plus d'une fois, étant seule, elle succom-
bait à la tentation de contenter large-
ment, autant qu'elle le pouvait, les désirs
des pauvres; puis, crainte d'être battue,
elle allait déclarer sa faute à celui qui,
dans toute paroisse, est le père des indigents, et, grâce à un tel appui, elle obte-
nait son pardon.

On sait aussi qu'elle nourrissait dans son
cœur trois dévotions principales, chères
à la catholique Bretagne : une religion
profonde envers l'adorable Trinité; un
souvenir affectueux des souffrances de
Notre-Seigneur Jésus-Christ; un zèle ardent pour le soulagement des âmes du
Purgatoire.

Peut-être sa dévotion à la très sainte
Trinité fut-elle excitée par le monument
de piété, que les moines de Saint-Méen

élevèrent à l'endroit qu'on nomme les *Trois-Roches*, proche du village où elle demeurait. Ce nom vient de trois grosses pierres qu'on avait amenées là, dans le but de rappeler le mystère de la très sainte Trinité.

Marie Pellerin avait souvent entendu expliquer, dans son église paroissiale, les devoirs d'adoration, de respect et d'amour dus aux trois divines Personnes; et son cœur ardent en a toujours gardé un profond souvenir. De là ce besoin incessant et persévérant d'honorer le Père dans sa justice, le Fils dans sa miséricorde et le Saint-Esprit dans son amour. Voilà pourquoi l'Œuvre dont elle a été le premier instrument est placée sous le vocable de la Sainte-Trinité.

Animée d'un grand esprit de foi, notre pieuse Bretonne se plaisait dans la pensée de Jésus-Christ, surtout de Jésus-Christ couvert de plaies et mourant sur le Calvaire par amour pour nous. Dans sa jeunesse comme plus tard, son bonheur était de faire fréquemment le *chemin de la*

croix. Elle en fut bien récompensée. Un
jour qu'elle était tout occupée à ce saint
exercice, Dieu lui inspira la pensée de con-
sacrer une partie de ses gages à soulager
les âmes du purgatoire par le saint sacrifice de la messe et par quelques aumônes.
Elle fut fidèle à cette inspiration. Se priver
pour donner à ses chers défunts, telle était
sa pensée habituelle; et telle fut l'origine
première de l'*Association*.

Toute sa vie elle porta dans son cœur,
si aimant et si dévoué, ces pauvres âmes
livrées à la rigueur de la divine justice, et
elle ne manqua aucune occasion de leur
être utile. Elle y a réussi. Pauvre fille !
combien lui devront leur prompte délivrance ! comme le cœur de Dieu a mis
ses complaisances dans sa fidèle servante,
jalouse imitatrice de sa tendre compassion
envers les âmes les plus souffrantes et les
plus délaissées !

La délicatesse de sa piété avait compris
que, pour donner un secours plus efficace,
il fallait mettre en œuvre les moyens les
plus puissants. Aussi offrait-elle à leur in-

tention des communions fréquentes. Aussi rêvait-elle sans cesse une œuvre qui pût, par des messes nombreuses, procurer ce secours d'une manière large et abondante : son rêve est devenu une réalité. Pour elle le saint sacrifice de la messe était un trésor infini qui, distribué continuellement, ac uitte la dette des âmes et leur ouvre le ciel.

A quel âge vint-elle se fixer à Paris ? Nous l'ignorons. On croit qu'elle pouvait avoir de trente-cinq à quarante ans. Mais nous savons qu'elle y a été servante pendant quelques années : à l'école polytechnique d'abord, où elle a dû rester peu de temps ; puis chez un commandant de la caserne des Minimes. Ce commandant, qui connaissait son extrême charité, avait donné l'ordre de la laisser sortir à son gré, soit le jour, soit la nuit. Car elle se dévouait, quand son service le lui permettait, à soigner les malades les plus abandonnés, à veiller près de leurs restes, quand Dieu les avait appelés à lui ; et, dans ces exercices de charité, elle avait ordinairement

en vue le soulagement des pauvres âmes
du Purgatoire.

Quand le commandant quitta Paris,
notre charitable Bretonne entra chez les
dames Cormont, rue de Saintonge. Elle y
demeura peu de temps aussi. Ensuite elle
fut reçue dans la maison d'une demoi-
selle Bideau, qui rend à son zèle et à sa
piété le témoignage le plus flatteur.

Préoccupée de sa Bretagne, elle travaillait sans cesse, de parole et d'action, pour
lui procurer quelques secours. « La misère
y est si grande ! disait-elle, les églises si
pauvres ! Les autels sont couverts de linge
grossier et malpropre ; les ornements pour
dire la messe sont peu convenables ; tout
manque à Notre-Seigneur dans le lieu
saint, etc. » Aussi envoyait-elle en Bretagne tout ce qu'elle pouvait se procurer.
Aussi parlait-elle sans cesse d'une œuvre
qu'elle ne savait pas définir, mais qui aurait pour but d'honorer la Sainte-Trinité
et de soulager les défunts, en procurant
des messes, des ornements aux prêtres des
campagnes, des vêtements aux indigents,

des layettes aux petits enfants nés au sein de la misère, etc. Toutes ces préoccupations l'absorbaient entièrement, et elle cessa tout service.

Ce fut alors, il y a vingt-cinq ans environ, qu'elle demanda un asile à Mme Gouchon, rue de Turenne, 124. Nous devons à cette dame la plupart des renseignements que nous avons sur Marie Pellerin. Nous lui devons aussi le portrait de cette bonne fille. Ceux qui l'ont connue le trouvent très ressemblant. Il fait honneur au talent d'artiste de Mme Gouchon, non moins qu'à son dévouement pour une œuvre qu'elle a vu naître et que sa charité pour les défunts n'a cessé de propager.

Depuis cette époque, Marie ne resta à Paris que cinq ou six ans environ ; nous savons, par ses lettres, qu'elle était de retour à Concoret en 1860.

Le petit cabinet que put lui offrir Mme Gouchon était au cinquième étage, très étroit et très incommode. Marie le trouvait trop grand et trop commode pour elle, heureuse qu'elle était de souffrir quelques privations pour les saintes âmes du Purgatoire. « Étant chez moi, écrit Mme Gouchon, elle mangeait quelquefois avec nous. Mais sa nourriture ordinaire était des croûtes de pain qu'on lui donnait par charité. Avec ces croûtes et un peu de marc de café, elle se faisait une sorte de soupe, dont elle se contentait, et tout cela par mortification. Ses souffrances morales et physiques, et tous ses actes étaient offerts à Dieu pour le soulagement des âmes les plus délaissées. »

Ce témoignage est confirmé par un prêtre qui l'a beaucoup connue et qui était son directeur, M. l'abbé Dupuis, aujourd'hui second vicaire à Sainte-Élisabeth de Paris. Il a bien voulu nous écrire ce qui suit :

« Marie Pellerin était toujours occupée et préoccupée de son œuvre, elle ne vivait que de son œuvre, ne parlait que de son œuvre : quand elle en parlait, son visage semblait s'illuminer.

« En quittant le service, elle avait en-

viron deux mille francs, qu'elle a employés
en bonnes œuvres. Acheter et donner des
layettes; payer des loyers; prêter à ceux
qui lui demandaient; nourrir de pauvres
filles qui avaient failli, des domestiques
sans place, et tout cela en vue des âmes
du Purgatoire : tel fut l'emploi de cet argent, qui fut promptement dépensé. Quant
à elle, elle vivait de la vie la plus austère,
la plus pauvre, pour ne pas dire davan-
tage, ramassant quelquefois des croûtes
de pain qu'elle trouvait dans la rue, et s'en
faisant des soupes dont une insensée ou
une sainte pouvait seule se nourrir. Rece-
vait-elle quelque aumône, c'était toujours
pour son œuvre ou pour les pauvres.

« Marie Pellerin avait une grande dévotion aux reliques des saints, et surtout à
la très sainte Vierge : elle ne l'appelait
jamais que la *bonne Mère*. Mais la dévotion qui dominait toutes les autres, c'était
la dévotion à la très sainte communion.
Notre-Seigneur dans l'Eucharistie était sa
nourriture de chaque jour; c'était sa
vie, son unique bonheur. Une des plus

grandes peines de ses derniers instants a été de s'en voir privée. Quand elle communiait, son visage, reflet de son cœur, était tout de feu.

« Pour tous les prêtres, elle avait la plus profonde estime, le plus grand respect : elle ne voyait en eux que les représentants de Jésus-Christ et les ministres de Dieu... Elle aurait voulu procurer des messes à tous les prêtres de campagne ; elle aurait voulu donner à toutes les paroisses pauvres tout ce qui leur manquait ; et quand elle donnait quelque chose, c'était relativement très beau : elle disait qu'il n'y avait jamais rien de trop beau pour son *bon Maître.*

« Ce que l'on sentait dans Marie Pellerin, c'était un ardent désir, un besoin immense de glorifier Dieu par la délivrance des âmes du purgatoire.

« Voilà, à peu près, dit, en terminant sa lettre, M. l'abbé Dupuis, voilà tout ce que je sais sur cette âme d'élite, que j'ai eu le bonheur de connaître et de diriger, et qui, je l'espère, prie dans le ciel pour celui qu'elle a tant édifié sur la terre. »

A ce récit, déjà si pieux et si intéressant, nous ajouterons les détails qui nous arrivent de l'hospice de Saint-Méen.

« Marie Pellerin a passé plusieurs années à Paris, et là elle travaillait sans cesse à gagner quelque chose pour le sacrifier ensuite au bien de ceux qu'elle voyait souffrir autour d'elle. Sa charité était si grande qu'elle ne pouvait se garder un seul sou. Elle donnait au point qu'elle-même manquait presque du nécessaire. Marie trouva un jour dans la rue une pauvre petite fille abandonnée par ses parents. Aussitôt elle l'adopte et s'en charge complètement. Elle la traita toujours avec la tendresse d'une mère, et plus tard elle la maria à l'un de ses neveux, employé dans les ponts et chaussées.

« Cette petite fille avait un frère âgé d'une douzaine d'années. Mlle Pellerin le prit aussi à sa charge. Mais l'enfant, très mal élevé, ne profita point des soins charitables qu'elle lui prodiguait sans cesse. Pourtant loin de l'abandonner, elle multiplia ses efforts et ses démarches, et elle parvint à le placer convenablement. »

Au milieu de ces exercices de charité, Marie Pellerin n'oubliait pas son œuvre, ou plutôt elle y pensait constamment, et elle agissait de même.

En 1850, elle parvint péniblement à la formation d'un bureau laïque pour s'occuper de son association. Son directeur était alors l'un de MM. les vicaires de Saint-Merry. Cet abbé, chargé de l'œuvre des âmes du Purgatoire de la paroisse, faisait tous ses efforts pour fondre dans l'œuvre de Saint-Merry celle à laquelle s'employait tout entière sa pénitente. Celle-ci ne goûtait pas les projets de son directeur, et elle n'abandonna jamais le but qu'elle s'était proposé. De là des tiraillements, des difficultés sans fin. Nous aurons une idée de l'Association à cette époque par le rapport que fit, le 7 avril 1851, son président provisoire, M. Gouchon. Voici ce rapport, ou du moins une partie.

RAPPORT

DU PRÉSIDENT PROVISOIRE

DE L'ASSOCIATION DE LA SAINTE-TRINITÉ

1re PARTIE. — RÉUNIONS

1re Séance.

« MESSIEURS ET MESDAMES,

« Le 3 décembre dernier, Mlle Marie Pellerin provoqua une réunion, rue de la Verrerie, n° 76.

« Dans cette réunion, elle fit l'exposé de son œuvre projetée, et les personnes présentes, ayant reconnu la bonté de l'œuvre présentée par la fondatrice, résolurent de l'adopter.

« A cet effet, sur la proposition de la fondatrice, il fut nommé, séance tenante, un bureau provisoire, pour trois mois, chargé

en outre de faire immédiatement un projet de règlement d'après les bases posées
par la fondatrice, afin que ce règlement
fût soumis à l'approbation de la première
Assemblée générale, fixée à l'expiration
des pouvoirs du Bureau provisoire. »

Ce projet de règlement, que l'on fit
voir seulement à deux ou trois membres du
bureau, a été retenu ensuite et on en a
empêché la circulation.

2e *Séance.*

« Dans cette séance, l'offrande d'admission et la cotisation furent déffnitivement
fixées.

« En outre, il fut reconnu nécessaire que
les membres du bureau fissent, le plus tôt
possible, soit un extrait des statuts, soit
un prospectus, qu'on ferait imprimer immédiatement, etc. »

3e *Séance.*

« Dans cette séance, l'Extrait des statuts

proposé par votre Président a été accepté à l'unanimité. »

4e Séance.

« Dans cette séance, il fut décidé que, les pouvoirs du bureau provisoire expirant dans un mois, la première réunion serait générale, que le Président ferait son rapport et qu'ensuite il serait procédé au remplacement du bureau. »

Suit le détail des objets confectionnés, puis des recettes et des dépenses qui s'équilibrent par le chiffre de 231 fr. 50.

« Enfin, votre bureau provisoire pense avoir fait, pour la prospérité de l'œuvre, tout ce que sa composition lui a permis de faire, car, après les trois premiers mois de sa fondation, il a obtenu sans frais :

« 1° 634 objets divers pour l'œuvre des enfants ; — 2° 634 objets divers pour l'œuvre des paroisses. Il y a 231 fr. 50 en caisse. Nous avons 117 sociétaires.

« C'est un résultat que vous trouverez, je

l'espère, assez satisfaisant, en ayant égard aux difficultés de tout genre qu'éprouve toute société naissante.

« Le Président provisoire soussigné prie les membres de la Société de ne plus le nommer membre du bureau.

« M. et Mme Prouteau ; Mme Hemot et Mme Gouchon vous font la même demande. »

Le Président provisoire,

H. GOUCHON.

Paris, le 17 avril 1851.

Toutes ces demandes de démission indiquent qu'il n'y avait pas unité de pensées, que l'organisation manquait à une œuvre regardée néanmoins par tous comme d'un grand intérêt. D'autres réunions eurent lieu, qui n'aboutirent pas à la tirer d'une sorte de chaos où elle se trouvait engagée.

Ce fut vers cette époque que Marie Pellerin se détacha de Saint-Merry, quitta son directeur, reprit ce qu'elle avait déposé au bureau de l'œuvre du Purgatoire de cette paroisse, savoir, une belle Vierge dorée, grandeur naturelle, un cadre contenant grand nombre de reliques dont elle avait payé les authentiques, et quelques autres objets appartenant à son œuvre.

A Saint-Merry, on fut très mécontent, et l'on précipita son éloignement.

Alors commencèrent pour Marie des tracasseries de toutes sortes, une véritable persécution, et, par suite, des ennuis multipliés, des dégoûts profonds. Pourtant elle travaillait toujours à son œuvre ; mais des associés chez qui elle se présentait la soumettaient à mille avanies, et finissaient par la chasser en la traitant de *voleuse*. La pauvre fille versait bien des larmes, et disait souvent à Mme Gouchon qu'elle était à bout de forces. M. l'abbé Dupuis, son nouveau directeur, la fortifiait et l'empêchait de tout abandonner.

Ainsi ont commencé la plupart des bonnes œuvres. D'abord informes et grossières, elles sont entravées par mille contradictions; mais peu à peu Dieu leur donne une organisation plus régulière, et, au moment marqué par sa providence, il bénit la patience et le courage de ceux qui les ont entreprises, et qui, envers et contre tous, les ont poursuivies avec une invincible constance.

Bientôt Marie quitta la maison de Mme Gouchon pour ne pas lui être trop longtemps à charge, et elle prit un petit logement dans la rue Saint-Louis-en-l'Île, non loin des filles de la Charité de la rue Poulletier. Elle connut alors la bonne sœur Gendry, supérieure de cette maison, et aussi M. Étienne, qui en avait été le confesseur, et qui s'y rendait de temps en temps.

La Providence avait conduit Marie Pellerin près des filles de la Charité, afin qu'elle pût, plus aisément et plus fréquemment, leur communiquer ses projets pour honorer la très Sainte-Trinité par le soulagement des défunts. C'est ainsi que Dieu rapproche les âmes et les presse de s'aider mutuellement par de sages conseils.

Les œuvres catholiques ressemblent à
des parfuns qui s'attirent l'un l'autre, et
les cœurs qui s'y dévouent se comprennent vite et se fortifient dans leurs bons
desseins. Marie Pellerin était heureuse de
s'ouvrir aux sœurs, qui, par leur vocation,
sont les confidentes naturelles de toutes
les bonnes œuvres, et l'on peut dire qu'aucune n'est plus en rapport avec leur destination providentielle à servir les pauvres, que le dévouement à la délivrance
des saintes âmes du Purgatoire. Aussi la
bonne sœur Gendry, dont la douce piété,
l'infatigable charité et le dévouement sans
bornes ravissaient tous les cœurs, reçut-elle Marie Pellerin avec une bonté particulière qui la ramena souvent à sa maison.
Les sœurs de l'établissement étaient quelquefois témoins de ces conversations, dans
lesquelles notre fondatrice mettait beaucoup d'animation. Son esprit de foi et son
caractère breton débordaient dans ses paroles. Quelques sœurs, frappées de ses
idées un peu ardentes et de sa tournure
un peu extraordinaire, s'en amusaient

parfois et se plaisaient à la taquiner, en lui disant que ses projets étaient une pure imagination et qu'elle ne réussirait pas. Et elle leur répondait : « Si! si! je réussirai. Tout ce qui se fait au nom de la très Sainte-Trinité réussit. La Sainte-Trinité, c'est tout dans la religion. La vraie dévotion, c'est la dévotion à la Sainte-Trinité. » Puis, laissant tomber de son cœur l'expression de son tendre attachement aux âmes du Pargatatoire, elle ajoutait : « Vous faites des bonnes œuvres pour soulager les pauvres, les orphelins, les malades et tous ceux qui sont malheureux : vous êtes bien heureuses, et j'envie votre sort; mais ne savez-vous pas que le soulagement et la délivrance des âmes du purgatoire comprennent toutes les bonnes œuvres recommandées par Notre-Seigneur dans l'Évangile? Ouvrir le ciel à une âme souffrante, c'est lui donner, non pas les miettes de sa table, mais le pain des anges avec toutes les délices du Paradis! C'est lui donner, non un verre d'eau froide, mais la source tout entière de cette eau qui jaillit jusqu'à la vie éternelle!... Ouvrir le ciel à une seule âme, c'est la loger, non pas chez soi, comme une étrangère qui passe, mais l'introduire dans l'éternel séjour, objet de tous ses désirs!... C'est la revêtir non d'un habit grossier, mais de la robe d'immortalité!... Vous visitez les malades pour les assister, quand ils ont la fièvre ou quelque autre maladie, et moi je veux éteindre l'ardeur des flammes qui dévorent les défunts. Vous n'allez pas, je crois, visiter les prisonniers, et moi, je veux descendre sans cesse dans la prison des âmes, pour briser leurs chaînes et leur donner la liberté du ciel! Pauvres âmes! chères orphelines de Dieu! Qui me donnera de vous soulager?... Ah! si ce qu'on fait pour les pauvres ici-bas, Jésus-Christ le tient comme fait à lui-même, j'espère bien qu'il acceptera comme fait pour lui ce que je ferai pour les âmes saintes, plus pauvres et plus abandonnées que tous les pauvres de la terre, etc. » Par ces paroles et autres semblables, Marie Pellerin découvrait les trésors de charité

cachés dans son cœur éminemment chré-
tien et naturellement expansif, et les sœurs,
qui s'amusaient d'abord, se retiraient tout
à fait édifiées, et désireuses d'entendre une
nouvelle effusion des sentiments généreux
de la bonne bretonne.

Elle demeurait tout près de leur maison,
au numéro 27 de la rue Saint-Louis. Son
habitation était très simple. Le peu qu'elle
avait d'argent, elle l'employait à nourrir
quelques orphelines, ou des servantes sans
place, qui, en attendant, trouvaient près
d'elle un asile. Pourtant on y voyait sa
belle Vierge dorée et son grand cadre tout
plein de reliques authentiques. Elle parlait souvent à ses filles, qui ne l'écoutaient
pas toujours, de la très Sainte-Trinité, de
l'Incarnation, de la Rédemption, des sa-
crements, de l'Eucharistie surtout, de la
dévotion aux défunts et des moyens de
les soulager. La vierge Marie et sainte
Anne, comme on pense bien, n'étaient pas
oubliées. On priait, on récitait le chape-
let, on chantait des cantiques, les cantiques populaires des missions de Bretagne.

Quelquefois des cierges étaient allumés, et on faisait une sorte de procession, que Marie Pellerin nommait la procession *du saint amour de Dieu.*

Mais il ne suffisait pas de prier et de chanter. Les ressources s'épuisaient vite et finissaient par manquer. Alors Marie Pellerin allait quêter. Quelques personnes lui donnaient de bon cœur ; d'autres la recevaient très mal, la traitant de folle, de bigote, d'imbécile, et ils la mettaient à la porte brutalement. Une fois, entre autres, on la jeta en bas d'un escalier au risque de la briser dans sa chute. S'étant relevée toute contusionnée, elle ne se plaignit pas, remercia avec beaucoup de douceur ceux qui venaient de lui faire tant de mal, et en se traînant elle retourna chez elle.

Les filles qu'elle avait recueillies, et qui auraient dû avoir pour leur bienfaitrice beaucoup de reconnaisance, n'étaient parfois que des ingrates. Elles se plaignaient de la nourriture, murmuraient, ne lui épargnaient même pas les paroles grossières. Elles la tournaient en ridicule, dit l'une d'entre elles, à cause de ses maniè-res. Mais, si son extérieur ne la favorisait pas, elle possédait une belle âme : ce que ces malheureuses ne comprenaient pas assez. Marie gardait le silence, s'unissait à Jésus-Christ dans sa passion et continuait à leur faire du bien.

Elle trouvait une autre source de peine dans le peu de succès de son œuvre. On imprimait des listes de chefs de dizaine et même de chefs de douzaine, que l'on dis-tribuait; et les unes comme les autres ne se remplissaient pas de noms. De temps en temps des réunions avaient lieu, et mal-gré les billets imprimés d'invitation à ces réunions, elles étaient peu nombreuses.

Marie Pellerin a multiplié ses tenta-tives pour communiquer ses pensées à M. Étienne, mais il n'avait jamais le temps de l'entendre. En désespoir de cause, elle pria et supplia M. l'abbé Tresvaux, vicaire général de Paris, de vouloir bien lui en parler.

M. Tresvaux était Breton. Jeune encore, il devint secrétaire particulier de Mgr de

Quélen, archevêque de Paris, qui venait souvent à Saint-Lazare et portait à la Congrégation le plus vif intérêt. C'était à l'époque où M. Étienne, jeune aussi, remplissait en même temps les offices de secrétaire général et de procureur général. De là, des relations s'établirent entre lui et M. Tresvaux : elles devinrent intimes avec le temps. L'un comme l'autre étaient doués d'une éminente piété ; le zèle le plus pur de la gloire de Dieu et de là sanctification des âmes, et aussi une tendre affection pour saint Vincent les animaient tous deux. Ces liens se fortifièrent encore par les circonstances qui se rattachent à la châsse du fondateur de la Mission, cette châsse merveilleuse, don de Mgr de Quélen, et qui lui suscita des difficultés nombreuses. Mais son cœur fut plus grand que les difficultés, et son héroïque générosité finit par en triompher. M. Étienne et M. l'abbé Tresvaux partageaient les peines de Monseigneur, et se formaient ensemble, par l'exemple de sa vertu, aux sentiments les plus élevés. Rien d'étonnant qu'ils se soient chéris comme des frères.

Un jour, une même fête les réunissait chez les sœurs de l'île Saint-Louis, où M. Étienne officia. Après le dîner, M. l'abbé Tresvaux profita de l'occasion pour lui dire un mot de Marie Pellerin et de son œuvre. M. Étienne a raconté lui-même leur conversation à l'un des frères de la Congrégation, qui a recueilli ses souvenirs et les a mis par écrit.

« M. l'abbé Tresvaux me parla, dit le Père Étienne, de cette personne bretonne comme lui, ainsi que de la singulière dévotion de cette fille pour les âmes du Purgatoire. Il me dit que tout ce qu'elle avait fait depuis quelques années pour leur délivrance ou leur soulagement avait quelque chose d'héroïque. Non seulement ses petits profits, mais même la presque totalité de ses gages, elle les employait à faire célébrer des messes et à faire des aumônes aux pauvres pour délivrer ces âmes, surtout les plus souffrantes et les plus délaissées. Elle s'est déjà associé un bon nombre de personnes dans le même but : on

fait pour cela des prières et l'on donne
des cotisations. Dans ces derniers temps,
dit encore M. Tresvaux, ces cotisations se
sont montées à 2,500 francs environ, mais
ces moyens dirigés par elle-même, la pauvre fille les trouve très insuffisants, et elle
dit qu'elle se sent pressée, comme par une
vertu secrète et intérieure, d'aviser, avec
l'aide de la divine Providence, à faire de
ce commencement, de ce grain de sénevé,
une grande œuvre dans l'Église militante,
enrichie de ses bénédictions et indulgences, pour la délivrance des membres souf-
frants du Purgatoire, nos frères. Depuis
un an cette bonne dévote me presse, à me
fatiguer, de commencer à régulariser cette
œuvre incessamment. Je lui dis que mes
occupations ne me permettent pas de me
livrer à cette besogne, et elle ne m'en tient
pas quitte ; elle revient tous les jours à la
charge. Que faire ? — Le Père Étienne répondit au grand vicaire : « Mais, quand
« elle vient pour vous parler, que ne vous
« rendez-vous invisible ? » Le bon vicaire
général lui repartit : *Elle est bonne fille,*

elle est Bretonne, et je suis Breton ; un Breton aime les Bretons, il les éconduit rarement. En fin de compte, une œuvre pour le soulagement des âmes du Purgatoire serait une bonne œuvre, et on ne peut plus opportune ; il s'agit de trouver quelqu'un qui puisse se dévouer à cette cause avec zèle et intelligence. Puis, d'un visage qui exprimait en même temps la prière et la confiance, il me dit avec bonté : Chargez-vous, Père Étienne, de cette bonne œuvre, je vous en prie, ce sera me rendre un vrai service. Eh! vous me le devez bien, en considération de notre vieille, constante et inaltérable amitié.

« Cette œuvre ne me souriait pas, dit le Père Étienne, parce que je n'en espérais pas un grand résultat, et je prévoyais la perte de beaucoup de temps. Alors j'ai prié M. le vicaire général de m'excuser, parce que je ne voyais pas les moyens de nous en charger, vu que nous avions déjà plusieurs autres œuvres à soutenir. Ce vénérable ami s'est attristé de mon refus et j'en souffrais moi-même. M. l'abbé

Tresvaux reprit : Père Étienne, vous ne pouvez vous refuser à vous charger de cette œuvre, qui est tout à fait dans l'esprit de saint Vincent de Paul, votre fondateur, et conséquemment elle convient tout à fait à votre Communauté. Oui, saint Vincent avait une tendre compassion pour les âmes du Purgatoire; il faisait beaucoup pour les soulager, et si de son temps il lui eût été donné de se prononcer sur cette affaire, il eût pu demander du temps pour consulter Dieu, comme c'était son habitude avant de se prononcer, mais il aurait accepté. Puisque les pauvres sur la terre sont l'apanage que Notre-Seigneur a donné à votre Compagnie, pour qu'elle en prenne soin, les aidant à faire leur salut, les pauvres âmes du Purgatoire sont également les pauvres de Jésus-Christ, et il désire que vous n'en fassiez pas un objet d'exclusion. Chargez-vous donc, vous et les vôtres, de fonder et de développer cette œuvre naissante, que je vous offre. Soyez sûr, Père Étienne, que c'est la volonté de Dieu, et qu'il bénira vos efforts. Dieu ayant fait prospérer toutes les bonnes œuvres entre les mains de votre père saint Vincent, il fera fructifier également celle-ci entre les mains de ses dignes enfants : votre Compagnie a reçu grâce spéciale pour toutes les œuvres ayant trait au soulagement et au salut du pauvre.—Après cela, dit le Père Étienne, je me suis incliné, promettant d'essayer une première réunion au retour d'un prochain voyage. »

Cette réunion fut fixée à un jour déterminé, que nous ignorons, à neuf heures du matin. En effet, ce jour-là, quelques moments avant neuf heures, une bonne personne qui semblait être de la campagne, se présenta au parloir de Saint-Lazare, accompagnée d'une autre d'une mise plus soignée. « Monsieur, dit la première personne, d'un air aisé et modeste, nous venons pour le conseil des associés de l'œuvre du Purgatoire. » Un frère de la porte répondit : « Il me semble, Mesdames, que vous vous trompez de maison ; vous croyez sans doute être chez les RR. PP. Jésuites.— Non, non, dit-elle, je sais que je suis chez les Lazaristes.—Eh bien! encore une fois, reprit le frère, je connais les divers conseils des œuvres qui se tiennent ici, mais nous n'avons pas celui dont vous parlez. »

—Elle reprit avec animation : « Eh bien! mon frère, voyez le Père Étienne, et dites-lui que Marie Pellerin est arrivée pour le conseil de l'œuvre du Purgatoire, qui doit commencer à neuf heures, ce matin même. »

Le bon frère alla prévenir M. Étienne, qui, à peine averti, s'écria aussitôt : « Ah! j'ai oublié, et je n'ai rien préparé! »

La réunion dut avoir lieu vers la fin de l'année 1856, car il est dit dans le procès-verbal du Conseil du 16 décembre 1857, qu'un prêtre de la Mission était le directeur de l'œuvre depuis le 1er janvier de cette même année 1857.

Bientôt après M. Étienne descendit avec un de ses confrères, et il trouva une réunion nombreuse qui l'accueillit avec toute sorte de témoignages de respect, de confiance et de sympathie.

Cette première réunion, comme celles

de toute l'année suivante, fut employée à l'exposé des idées que chacun avait sur l'œuvre. La fondatrice nourrissait des desseins très vastes, mais d'une exécution difficile. M. Étienne et plusieurs membres de l'association demandaient que l'œuvre fût simplifiée, et que, en faveur des défunts, on se restreignît à faire dire des messes, et à donner des aumônes, sans embrasser les détails d'aucune œuvre particulière. L'année se passa en combinaisons diverses, projets et contre-projets, proposés et discutés à chaque réunion trimestrielle : quand on croyait s'être entendu, tout était à recommencer.

Enfin, le 16 décembre 1857, on s'arrêta aux résolutions suivantes :

I. — Un tiers des ressources de l'œuvre, augmenté par les offrandes volontaires, est destiné à des aumônes ou bonnes œuvres.

Ces ressources consistaient dans les cotisations de 25 centimes par mois, ou 3 fr. par an. Il n'y avait pas encore de fondations.

Un établissement de filles de la Charité, qui prend soin des pauvres à domicile, devait être chargé de la distribution des aumônes, afin que cette distribution fût faite avec zèle, intelligence et discernement. Pourtant on n'excluait pas d'une manière absolue les autres œuvres dont l'association s'était occupée précédemment, et, avec l'agrément du conseil, ce tiers en aumônes pouvait être appliqué, en tout ou en partie, pour églises pauvres, layettes et autres bonnes œuvres.

II. — La seconde résolution établissait que les deux tiers restants des ressources serviraient à faire célébrer des messes aux intentions suivantes : tous les premiers vendredis du mois, une messe pour tous les défunts en général; — une messe le lundi de chaque semaine pour les âmes les plus délaissées; — trois messes de suite après le décès, pour chaque associé mort faisant partie de l'Œuvre : — toutes les autres messes, ainsi que les aumônes, sont appliquées également et à perpétuité; 1° aux âmes les plus délaissées; 2° aux parents défunts des associés; 3° aux associés morts faisant partie de l'Œuvre.

On régla ensuite les points principaux de l'administration, les époques des réunions, etc., etc.

L'Œuvre que la Providence venait de confier à saint Vincent de Paul et à ses enfants prenait une organisation régulière. Nous verrons comment, sous le patronage de ce père des pauvres, de cet ami des âmes souffrantes, elle s'est étendue, en France comme à l'étranger, partout où il continue, par les membres de ses deux familles, l'exercice de sa charité.

Il convenait que cette œuvre fût confiée à son cœur si tendre et si compatissant. La gloire du ciel n'a fait que perfectionner sa tendresse et sa compassion pour les chères âmes du Purgatoire, qu'il a tant aimées pendant sa vie mortelle. On a trouvé, dans un volume de son bréviaire, précieusement conservé dans le trésor des reliques de la maison-mère, on a trouvé une image qui représente Notre-Seigneur attaché à la croix, puis Marie-Madeleine étreignant de ses bras, avec un amour ardent, le pied de la croix ; et, plus bas, les âmes s'élançant du Purgatoire vers Jésus crucifié, pour obtenir leur délivrance.

Chacun de nous sait que saint Vincent nourrissait une tendre affection pour les âmes du Purgatoire. Rappelons ce qu'en dit Abelly :

« Nous ne devons pas omettre ici la dévotion particulière qu'il avait de procurer le soulagement et la délivrance des âmes fidèles qui souffrent dans le Purgatoire ; il exhortait souvent les siens à ce devoir de piété, et disait qu'il fallait considérer ces chers défunts comme les membres vivants de Jésus-Christ, animés par sa grâce et assurés de participer un jour à sa gloire ; et que, pour cette considération, nous étions obligés de les aimer, servir et assister de tout notre pouvoir. Pour cet effet, il priait et offrait souvent le très saint Sacrifice de la messe à leur intention. Il faisait aussi prier et offrir le même Sacrifice pour eux par les autres prêtres de sa maison ; et le sacristain de Saint-Lazare a déclaré qu'il lui ordonnait fort souvent de faire dire des messes pour les âmes du Purgatoire qui y sont détenues depuis si longtemps, et qui n'ont personne qui prie particulièrement pour elles. Il établit encore pour ce même sujet, dans toutes les maisons de sa Congrégation, cette sainte pratique de dire trois fois le jour en commun le *De profundis*, c'est à savoir après les deux examens particuliers qui se font devant les repas et aux prières du soir [1]. »

Il convenait que cette Œuvre fût confiée à la Congrégation de la Mission, dévouée au soulagement spirituel et corporel des plus misérables, et qui a tant fait, du temps même de saint Vincent, pour le rachat des captifs, au nom de la très Sainte-Trinité.

Il convenait, enfin, que la Compagnie des filles de la Charité, chargée d'aller au secours de toutes les misères, devînt le principal instrument de propagation d'une

---

1. *Vie de saint Vincent de Paul,* liv. III, chap. IX

œuvre qui semble faite pour leur cœur, et dont elles ont compris, mieux que personne, l'importance et les résultats.

Nous ferons observer aussi que la chapelle de la Passion, qui est la chapelle de l'Œuvre dans l'église de la maison-mère, avait été désignée par avance, pour être consacrée aux âmes du Purgatoire, par la pieuse fille de la Charité, à qui fut révélé, en 1846, le scapulaire rouge, le scapulaire de la Passion et des Sacrés Cœurs de Jésus et de Marie. Cette observation est prise des registres même de l'Association.

Nous lisons, à la première page du registre le plus ancien, que l'Œuvre de la très Sainte-Trinité est placée sous l'invocation de *Notre-Dame Auxiliatrice* : *In nomine Sanctissimæ Trinitatis, sub invocatione B.M.V. titulo Auxilii Christianorum : Au nom de la très Sainte-Trinité, sous l'invocation de la bienheureuse Vierge Marie, du titre de Secours des chrétiens.*

On sait que saint Pie V fit ajouter cette

invocation aux litanies de la sainte Vierge, après la victoire remportée, par son intercession, près du golfe de Lépante, par les chrétiens réduits à la dernière extrémité, sur les Turcs qui menaçaient d'envahir toute l'Europe. On sait encore que Pie VII, échappé miraculeusement à sa captivité de Savone et de nouveau libre de ses persécuteurs, attribua sa délivrance à la *Mère de la Miséricorde*, honorée sous ce titre à Savone, la couronna, de ses propres mains, d'une couronne d'or, et fit ajouter au *propre* de Rome la fête de *Notre-Dame Auxiliatrice*.

Il convenait encore qu'une Œuvre, dont l'un des buts principaux est de secourir les âmes les plus abandonnées, fût placée sous l'invocation de Celle qui exauce toujours les plus pauvres, les plus faibles et les plus délaissés.

Ainsi établie sous le haut patronage de *Notre-Dame Auxiliatrice* et de saint Vincent de Paul, l'Association prend de rapides accroissements, qui n'ont pas cessé depuis, en même temps que, peu à peu, on pourvoit aux détails de son organisation et de son administration.

Nous n'entrerons pas dans ces détails. — Les fondations, pour vivants et pour défunts, se sont faites, dès 1858, comme elles se font aujourd'hui. — Les secours, dans le passé comme aujourd'hui, ont toujours été accordés aux églises pauvres, ou aux maisons de charité qui en avaient un plus grand besoin.

Les Supérieurs généraux ont toujours témoigné la plus vive sympathie pour l'Œuvre et ils l'ont soutenue de tous leurs efforts, depuis que la Congrégation de la Mission en a été chargée : elle doit en partie son développement à leur bienveillante protection.

D'autre part, Sa Sainteté Pie IX portait le plus vif intérêt à l'Association et il la bénissait; elle était bénie aussi par un grand nombre d'archevêques, d'évêques et de vicaires apostoliques.

Lors d'un voyage de Mᵍʳ Spaccapietra, alors évêque de Port-d'Espagne, en 1859, Pie IX, malade, ne donnait aucune audience. Pourtant Monseigneur fut admis, et Sa Grandeur l'entretint de notre Œuvre. Le Souverain-Pontife en fut touché, et il daigna lui accorder une bénédiction particulière, ainsi qu'à tous les associés. Cette bénédiction fut renouvelée le 30 octobre 1860, et tracée, en larges caractères, de la main même de Pie IX : *30 octobris 1860. Benedicat vos Deus, et mementote quod sancta et salubris est cogitatio pro defunctis orare. Pius PP. IX.* En même temps, le Souverain-Pontife assurait à un missionnaire, M. Guarini, procureur général de la Congrégation, qu'il conservait l'image de l'Œuvre de la très Sainte-Trinité ; et il accordait, de vive voix, l'insigne faveur de pouvoir célébrer tous les jours, excepté les jours de fêtes de 1re et de 2me classe et les jours de dimanche, la messe des morts à l'autel de la chapelle de la Passion dans l'église des Lazaristes, rue de Sèvres, 95. La même grâce a été étendue à l'autel principal de la même église en faveur des réunions mensuelles de l'Œuvre.

L'association a reçu 64 approbations

épiscopales : on aurait pu en recueillir beaucoup d'autres.

Qu'il nous soit permis d'en citer quelques-unes.

« Nous admirons l'œuvre de la très Sainte-Trinité pour la délivrance des âmes du Purgatoire : nous la trouvons parfaitement conforme en tout à l'esprit de la Sainte-Église : et, de l'abondance de notre cœur, qui toujours a été profondément ému par les souffrances des âmes qui gémissent dans le lieu de l'expiation, nous l'approuvons et la bénissons, au nom du Père, du Fils et du Saint-Esprit.

« Paris, le 16 janvier 1860, jour de l'arrivée du corps du vénérable Perboyre à Paris.

« † François-Xavier DANICOURT, C. M.
« Évêque d'Antiphelles,
« vicaire apostolique du Kiang-si (Chine). »

« J'approuve, je bénis, et je désire d'un immense désir voir s'étendre l'Œuvre admirable de la Sainte-Trinité pour la délivrance des âmes du Purgatoire.

« ✝ Ferdinand Donnet,
« Cardinal, archevêque de Bordeaux.

« Paris, le 9 mars 1861. »

Nous citerons encore l'approbation donnée par Mᵍʳ Jean-Joseph Lynch, évêque de Toronto.

« L'Œuvre de la très Sainte-Trinité pour le soulagement des âmes du Purgatoire est, de toutes celles que je connais, la plus admirable, la plus charitable et la plus avantageuse. C'est donc de toute l'étendue et la tendresse de mon cœur, profondément dévoué à ces pauvres âmes, que je l'approuve et la bénis. Je fais des vœux ardents pour sa propagation dans l'univers entier, pour le bien des morts et des vivants. Une expérience personnelle m'a fait connaître les trésors de cette sainte et salutaire dévotion.

« † Jean-Joseph Lynch,

« Évêque de Toronto du Canada.

« Paris, 22 mai 1862. »

Nos lecteurs savent en outre que l'Œuvre, approuvée le 1ᵉʳ juillet 1873, par Son Éminence Mᵍʳ Guibert, archevêque de Paris, avait été auparavant enrichie d'indulgences, en vertu de deux brefs pontificaux, sous les dates du 20 septembre 1859 et 27 janvier 1863. Ils savent aussi que de nouvelles faveurs spirituelles lui ont été accordées par d'autres brefs portant les dates des 30 janvier 1874, 1ᵉʳ février 1878 et 21 mars 1879.

L'Association sera éternellement reconnaissante envers le Saint-Siège et envers l'Épiscopat, de tant d'approbations et de bénédictions, qui lui ont porté bonheur. Elle s'est montrée aussi pleine de gratitude à l'égard de sa pieuse fondatrice, pour laquelle plusieurs fondations ont été faites et des secours ont été envoyés.

Elle était partie pour la Bretagne, avec sa chère Marie-Anne, probablement vers la fin de 1859, ou au commencement de 1860, emportant avec elle l'espérance d'y fonder une maison pour y recueillir les malades où les vieillards abandonnés. Ce projet ne réussit pas, faute de ressources. Hélas ! la pauvre Marie fut réduite à la dernière indigence et elle eut à endurer mille souffrances et mille persécutions. Dieu traite ainsi dans ce monde les âmes qui lui sont chères. Mais elle lui garda toujours son cœur; elle le garda aussi, bien reconnaissant, à toutes les personnes qui l'avaient aidée autrefois et qui l'aidèrent encore dans ses dernières années, surtout à Mme Gouchon et à M. l'abbé Dupuis. Nous en jugerons par ses lettres.

En 1860, M. Dupuis envoya à Marie Pellerin quelques secours. Elle lui répondit :

« Concoret, le 22 juillet 1860.

« Mon bon père,

« Me voilà bien en retard pour vous dire que j'ai reçu votre lettre et vos aumônes avec une grande joie et reconnaissance ; car vous dire ce que je deviendrais, si vous ne me donniez rien, Dieu tout seul le sait. Je dois donc faire comme vous me le dites, bien me confier en la Providence, c'est ce que je veux faire. Je vois que je n'ai que vous et ceux qui voudront bien se joindre à vous, à Paris.

« Je viens d'avoir les yeux et la tête enflammés, et je n'ai pas encore été chercher les 115 francs à Mauron. Vous me dites, bon Père, que je ménage bien cet argent ; oui, je vous le promets, car hélas ! il ne faut compter sur aucune ressource à Concoret ; je n'ai que le peu de vêtements que j'avais apportés, je les porte vieux comme ils étaient, et encore un peu plus. Je n'ai pas non plus donné de robes à Marianne ; elle porte comme moi ce qu'elle a.

« Je ne veux pas vous dire combien je vous suis redevable devant Dieu et devant les hommes, pour ce que vous faites pour moi. Je ne puis que prier Dieu qu'il vous donne les grâces spirituelles et temporelles dont vous avez besoin.

« Recevez, bon Père, les vœux de mon respect et de ma gratitude sincère.

« Je me recommande à vos prières à tous.

« MARIE PELLERIN. »

Mme Gouchon reçut plus tard la lettre suivante :

« Concoret, 22 septembre 1860.

« MA BIEN-AIMÉE DAME,

« Je devrais peut-être écrire à ce bon Père Dupuis avant vous, mais je sais qu'il ne le trouvera pas mauvais, et que tous les deux vous me portez le même intérêt. Eh bien !

c'est à tous les trois que j'écris, M. Gouchon compris.

« J'ai donc été à Mauron, qui n'est qu'à une lieue et demie d'ici, et je revenais avec de l'or de Paris. Mon Dieu, que vous êtes bon! disais-je, mais que votre bonté se montre surtout à tous ceux qui me donnent cet argent pour mon pain quotidien. Seulement, cela me fait tant d'effet, que j'ose à peine y toucher, pas même pour une tasse de café, quoique depuis trois mois je n'en aie fait qu'une fois. Depuis que je suis ici, je n'ai acheté qu'une livre de viande ; jugez du reste. Mais que Dieu soit béni de toutes choses! mon loyer est payé.

« Je vois que je vous ai pour amis sincères et dévoués; je vous remercie de tout mon cœur, ainsi que toutes les bonnes âmes qui me donnent du pain. Je prie Dieu qu'il vous le rende au centuple, en biens spirituels et temporels.

« Je ne suis pas découragée pour tout cela, car si Dieu veut, il peut.

« Je vous embrasse tous de cœur et d'amitié; sans cesse je prie Dieu qu'il exauce mes prières, pour vous en particulier, Madame, qui vous donnez tant de peine pour moi.

« Votre amie qui vous aime de plus en plus.

« MARIE PELLERIN,

« Qui vous doit tout, après M. l'abbé, à qui je présente toute la reconnaissance dont je suis capable et à Mme Alexandre, et Mlle Léger et toutes les personnes qui me font du bien. »

Après un nouvel envoi de secours, M. l'abbé Dupuis recevait une autre lettre de remerciement :

« Saint-Méen, 3 janvier 1864.

« MON PÈRE,

« J'ai donc encore à vous remercier du soin que vous prenez pour que je ne manque pas de pain. J'aurais attendu jusqu'au 15 pour vous souhaiter la bonne année,

croyant bien que vous auriez fait ce que
vous m'avez promis; mais la Providence a
fait plus, car au lieu de trente francs, j'en
reçois soixante, et même le port payé.
Hélas! je ne puis vous dire le bien que
cela m'a fait, ni ce que souffrent les pauvres honteux. Je ne me plains pas, au con-
traire. Je suis bien souvent malade, il est
vrai; mais Dieu, qui veut que je me détache
de ce lieu d'exil et de cette vallée de larmes, se sert de tout pour me dire qu'il est
tout mon bien dans ce monde et dans
l'autre. Je vous prie, mon Père, de dire à
tous ceux et celles qui me font du bien,
que Dieu les récompensera, même dès
cette vie, pour une aumône si bien faite.
Je ne puis que prier pour eux et leurs familles, mais c'est un devoir qui m'est im-
posé par Dieu même ; tout cela ne pourra
se voir qu'au dernier jour, que j'attends
avec tant de bonheur.

« Je passe une partie de l'hiver sur mon
lit, et m'y voilà encore. Je ne manque pas
du nécessaire, car la Providence est là. Je
tricote; je n'y gagne pas un sou par jour,

il me faut faire une grande paire de bas pour quatorze sous. Je vous fais tous ces détails, car je sais que cela vous fait plaisir. Je n'ai rien qui puisse vous faire de peine.

« Je ne vous oublie aucun devant Dieu, et la longueur du chemin qui nous sépare ne fait qu'animer ma foi, désirant vous voir un jour tous jouissant ensemble du bonheur du ciel.

« Recevez donc, mon Père, mon respect et mes remerciements.

« Votre fille en Jésus,

« MARIE PELLERIN. »

La pieuse fondatrice eut la consolation, avant de mourir, de doter son église paroissiale d'un tableau de la Vierge au Rosaire, copie de celui de Murillo, peint par Mme Gouchon, sa généreuse bienfaitrice. Ce tableau porte cette indication : *Donné par Marie Pellerin, fondatrice de l'Œuvre de la très Sainte-Trinité.* Marie Pellerin est morte comme elle

avait vécu, en vraie et fervente chrétienne.
On nous écrit de Saint-Méen : « Elle passa
ses dernières années entièrement occupée
des exercices de piété. Sa prière était
presque continuelle, et son esprit sans
cesse occupé de la présence de Dieu...
Étant tombée malade, elle se fit porter à
l'hospice tenu par les sœurs de Saint-Vin-
cent de Paul, où elle édifia par sa patience,
sa douceur et sa conformité à la volonté
divine, tous ceux qui eurent le bonheur
de l'approcher. »

Elle était revenue à Saint-Méen le 15 septembre 1865. M. l'abbé Guyot, son confesseur, écrivait à M. l'abbé Dupuis le 25
du même mois :

« Notre chère Marie Pellerin me prie
de la recommander à vos prières et saints
sacrifices : c'est une dernière grâce qu'elle
vous demande... Elle m'a prié de recevoir
sa confession ce soir même. Autre afflic-
tion incomparablement plus grande! je lui
annonçai, elle le craignait d'avance, que, si
les vomissements ne cessaient pas, elle ne
pourrait pas faire la sainte communion.

« Oh! s'écria-t-elle, j'espère que nous ob-
«tiendrons cette grâce de la bonté divine. »
— Je n'ai pas besoin de vous dire que ses
sentiments sont à la hauteur de sa foi...»

La population de Saint-Méen était émer-
veillée de ses admirables dispositions, qui
ne se démentirent pas un seul instant. Elle
mourut en prédestinée, le 11 octobre, fête
de saint Denis, comme elle l'avait annoncé
plusieurs jours à l'avance. Mme Gouchon a eu raison de dire de sa chère Marie
Pellerin : « Je crois que sa mémoire ne
s'effacera pas. »

Son œuvre continuera, nous en avons
l'espérance, à perpétuer le souvenir de ses
vertus et de son dévouement aux saintes
âmes du purgatoire.

Nous clorons cette notice par les *statuts*
de l'Œuvre avec leur explication, et le
sommaire des principales indulgences accordées aux associés.

STATUTS DE L'ŒUVRE

Approuvés par S. Em. Mgr Guibert, archevêque de Paris, le 1ᵉʳ juillet 1873.

ARTICLE PREMIER. — L'Association de la Très Sainte-Trinité, établie dans la Maison-Mère de la Congrégation de la Mission, a pour but de procurer le soulagement et la délivrance des âmes du Purgatoire.

ART. 2. — L'Œuvre est placée sous l'invocation de la Très Sainte-Trinité, afin que ses membres se souviennent qu'ils doivent toujours révérer ce grand mystère, fondement de notre foi, en honorant le Père dans sa justice, le Fils dans sa miséricorde et le Saint-Esprit dans son amour.

ART. 3. — M. le Supérieur général de la Congrégation de la Mission est le président de l'Œuvre; il désigne le missionnaire chargé de la diriger.

ART. 4. — L'Association vient en aide aux âmes souffrantes :

1º En multipliant, selon ses moyens, le saint Sacrifice de la Messe;

2º En donnant des secours aux églises pauvres;

3º En distribuant d'abondantes aumônes.

ART. 5. — Les fonds de l'Œuvre sont ainsi

répartis : deux tiers sont appliqués aux messes célébrées selon les fins de l'Association ; le reste est employé en aumônes distribuées aux pauvres, en secours aux églises, et autres bonnes œuvres.

ART. 6. — Un fonds de réserve sera consacré à acheter des rentes sur l'Etat, afin d'assurer le service perpétuel des messes de l'Œuvre.

ART. 7. — On s'associe à l'œuvre moyennant une souscription de 3 francs, renouvelable chaque année. On peut s'associer pour la vie, en versant une somme de 100 francs une fois donnée. Toute personne qui meurt associée à l'Œuvre a droit à tous ses fruits, *à perpétuité*, pour elle-même et pour ses parents défunts.

ART. 8. — On peut associer les défunts, soit *pour un an*, en versant une souscription de 3 francs, renouvelable à volonté, soit *à perpétuité*, en versant 50 francs.

ART. 9. — Les fruits de l'Association comprenant les messes et les aumônes de l'Œuvre, ainsi que les prières des associés, sont appliqués de la manière suivante :

1º *Un tiers aux âmes les plus délaissées ;*
2º *Un tiers aux parents défunts des associés ;*
3º *Un tiers aux associés décédés.*

ART. 10. — Tous les associés ont droit à trois messes personnelles, qui leur sont appliquées aussitôt après leur mort.

Art. 11 — Le Conseil d'administration se compose : d'un président, d'un directeur, d'un vice-directeur, de quatre conseillers, et de tous les chefs de dizaine, qui en font partie de droit.

Art. 12. — Le Conseil se réunit tous les trois mois, le premier mercredi de janvier, d'avril, de juillet et d'octobre. Il vérifie les recettes et les dépenses du trimestre, il examine les comptes, fait la répartition des aumônes, et approuve ou rejette, s'il y a lieu, les propositions faites par le directeur.

Art 13. — La comptabilité de l'Œuvre et les procès-verbaux des séances du Conseil seront soumis, chaque année, à l'examen et à l'approbation de M. le Supérieur général.

QUELQUES EXPLICATIONS DES PRINCIPALES DIFFICULTÉS PROPOSÉES SUR LES STATUTS.

1° L'Œuvre admet des fondations *à perpétuité*, et des souscriptions *annuelles :* ces fondations et ces souscriptions sont ou pour des vivants ou pour des défunts.

2° Les fondations pour *vivants* sont toujours pour une *seule* personne; les fondations pour *défunts* peuvent être pour *une* ou *plusieurs* personnes.

3° Une personne *vivante* s'associe *à perpé-*

tuité, ou par une fondation de 100 fr., ou même par une fondation de 50 fr.

4º La *fondation de 100 fr.* pour une personne *vivante* procure immédiatement à ses parents défunts, jusqu'au quatrième degré inclusivement, leur participation au tiers des fruits de l'Œuvre.

5º La *fondation de 50 fr.* pour une personne *vivante* ne donne aucun droit ni à elle ni à ses parents pendant sa vie. A sa mort, elle a droit à trois messes personnelles, avec sa participation au tiers des fruits de l'Œuvre; et ses parents ont leur participation au tiers réservé aux parents des associés.

6º La souscription *annuelle* de 3 fr. pour une personne *vivante* procure à ses parents défunts, pendant un an, la participation au tiers des fruits de l'Œuvre. Cette souscription, renouvelée régulièrement jusqu'à la mort, chaque année, avant l'expiration de l'année, assure à la personne ainsi associée trois messes personnelles avec sa participation, *à perpétuité*, au tiers des fruits de l'Œuvre, et à ses parents défunts leur participation, *à perpétuité*, au tiers des fruits réservés aux parents.

7º La fondation *à perpétuité*, pour *un* ou *plusieurs défunts*, est de 50 fr. Elle leur donne droit de participer au tiers des fruits de l'Œuvre, et à trois messes personnelles. Si la fondation est pour *plusieurs*, trois messes seulement sont dites pour eux tous.

8º On peut aussi associer *un* ou *plusieurs défunts* pour un an, moyennant une souscription de 3 fr. Cette souscription ne donne aucun droit aux trois messes personnelles, mais les défunts ainsi associés entrent en participation du tiers des fruits réservés aux associés défunts.

Il n'est pas nécessaire, à la mort des associés, de prévenir M. le Directeur. Les premières messes de l'Œuvre, dites aussitôt après leur décès, leur sont appliquées en vertu de l'intention qu'en a formée par avance celui qui distribue les messes.

Bien que l'Œuvre de la Très Sainte-Trinité ait été fondée principalement en faveur des défunts, les personnes vivantes qui s'y associent, ou qui y associent des défunts, en retirent de grands biens spirituels, acquièrent de nombreux mérites et obtiennent d'abondantes grâces de salut.

SOMMAIRE DES INDULGENCES PLÉNIÈRES
ACCORDÉES A L'ŒUVRE

1º Le jour de l'admission; 2º un jour, chaque mois, au choix des associés; 3º l'Ephiphanie; 4º la Fête-Dieu; 5º le jour de Noël; 6º aux cinq principales fêtes de la sainte Vierge : 8 décembre, 25 mars, 8 septembre, 2 février et 15 août; 7º les jours de l'apparition et de la dédicace de saint Michel, archange, 8 mai et 29 septembre; 8° aux deux fêtes de saint Joseph, le 19 mars et le troisième dimanche après Pâques; 9° à la fête de saint Pierre et saint Paul, 29 juin; 10° le jour de la commémoration des fidèles défunts.

Les indulgences attachées aux fêtes susdites peuvent être gagnées, ou le jour même de chaque fête ou l'un des sept jours suivants.

Conditions. — Confession: — Communion; — Visite d'une église ou d'une chapelle publique, avec prières selon les intentions du Saint-Père. — Pour gagner l'indulgence plénière accordée aussi pour la fête de la Très Sainte-Trinité, il est prescrit de visiter l'église de l'Œuvre.

De plus, l'indulgence plénière est accordée à l'article de la mort : si l'on ne peut communier alors, il suffit d'invoquer, au moins de cœur, le saint nom de Jésus. (Brefs de Pie IX et de Léon XIII.)

Ces indulgences plénières sont applicables aux défunts, ainsi que les indulgences partielles, parmi lesquelles on se rappellera celle de *soixante jours* pour l'exercice de toute œuvre de piété ou de charité.

Paris. Typ. Pillet et Dumoulin, 5, rue des Grands-Augustins.

www.ingramcontent.com/pod-product-compliance
Ingram Content Group UK Ltd.
Pitfield, Milton Keynes, MK11 3LW, UK
UKHW020945120726
13693UKWH00004B/1554